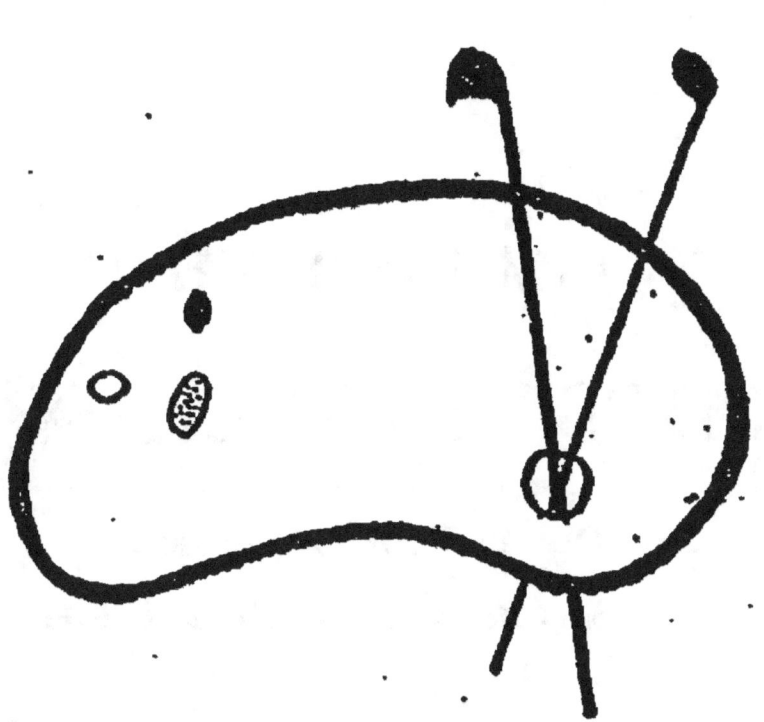

DÉBUT D'UNE SÉRIE DE DOCUMENTS
EN COULEUR

28 février 1831 — 1 mars 1831

CATALOGUE

DES TABLEAUX

DE TAUNAY, PEINTRE,

CHEVALIER DE LA LÉGION-D'HONNEUR, MEMBRE DE L'INSTITUT.

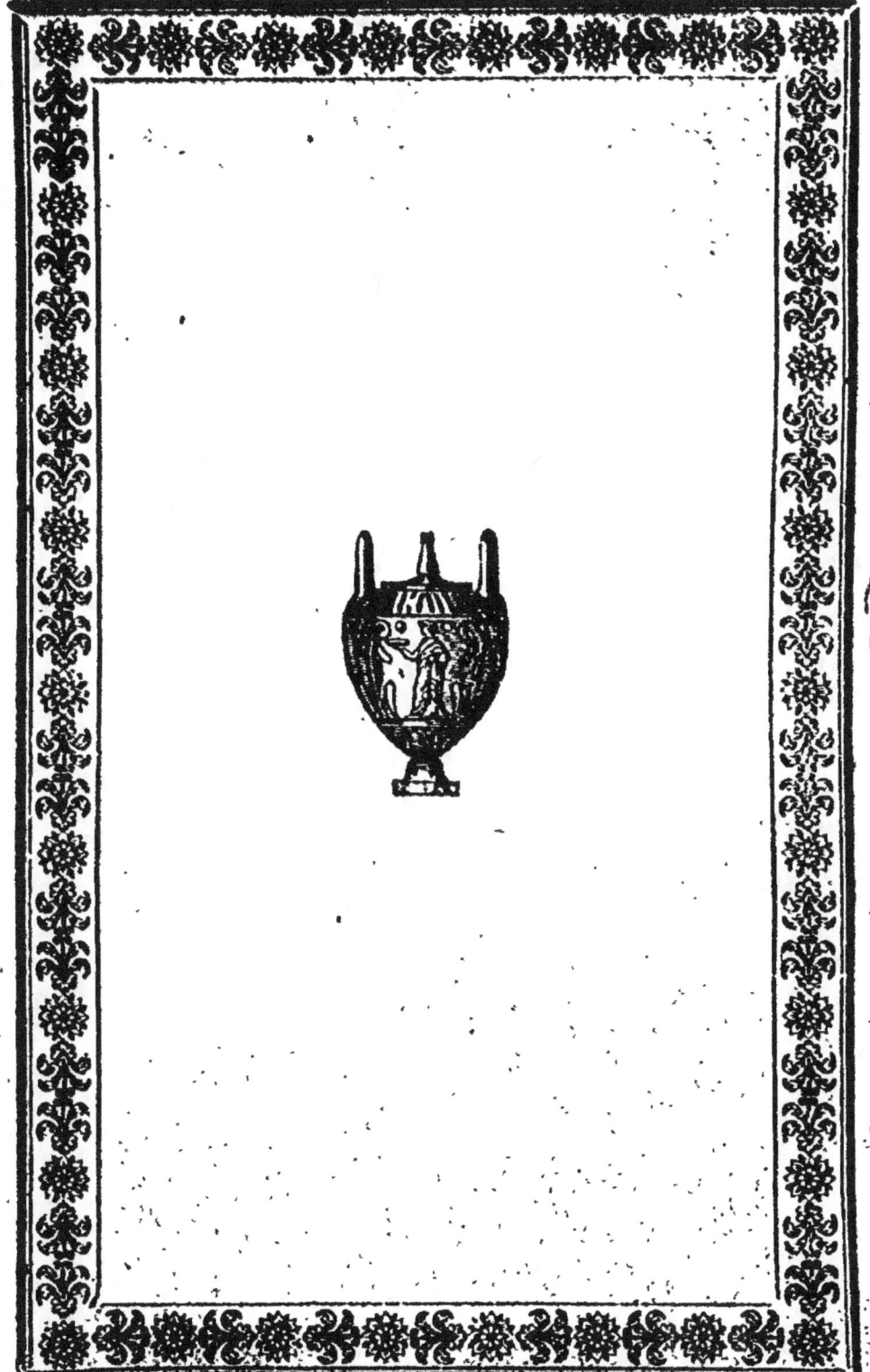

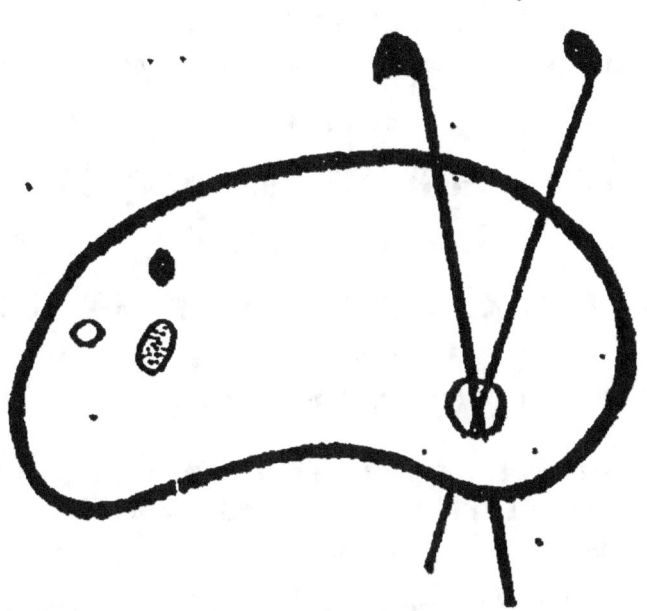

CATALOGUE DES TABLEAUX PRÉCIEUX

DE TAUNAY, PEINTRE,

CHEVALIER DE LA LÉGION D'HONNEUR ET MEMBRE DE L'INSTITUT,

ET DE SES

ÉTUDES, CROQUIS ET ESQUISSES,

AINSI QUE DE QUELQUES

TABLEAUX, DESSINS, EAUX-FORTES

PAR DIVERS MAÎTRES,

GRAVURES ET RECUEILS

Dont la vente aura lieu, par suite de son décès, les lundi 28 février et mardi 1er. mars 1831, à midi, rue de Cléry, n° 21, salle Lebrun.

Exposition publique les samedi 26 février, de midi à quatre heures, dimanche 27, de neuf heures à quatre, et lundi 28, de neuf heures à midi, avant la vente.

CE CATALOGUE SE DISTRIBUE

Chez
- M° PETIT, commissaire-priseur, rue des Jeûneurs, n° 1,
- M° BATAILLARD, commissaire-priseur, rue Saint-Marc, n° 23,
- MM. DEBAY et PERIGNON, experts, rue de Cléry, n° 42.

1831.

AVIS.

Ce catalogue est divisé en trois parties :

La première contient les *tableaux* de M. TAUNAY;

La seconde, les *esquisses, dessins, croquis, études de paysages et d'animaux*;

Dans la troisième seront compris un tableau précieux de M. BERRÉ, et des dessins, eaux-fortes, et gravures par divers maîtres.

———

Les lettres B. T. signifient bois, toile.

Les mesures sont prises en *pouces*.

L'ordre de la vente sera annoncé à l'exposition.

NOTICE HISTORIQUE
SUR TAUNAY.

L'homme supérieur fixe tous les suffrages : le concert de louanges qui l'accueillant à son début, l'accompagne pendant sa carrière et retentit sur son tombeau, lègue à la postérité une illustration d'autant plus durable qu'elle ne fut pas le fruit de l'intrigue, d'autant plus précieuse qu'elle devient nationale! Tel fut Taunay, dont la patrie et les beaux-arts déplorent la perte récente en payant à ses mânes le tribut d'admiration qu'il mérita toujours à titre de grand peintre et de bon citoyen.

Né à Paris, en 1755, Taunay (Nicolas-Antoine) eut pour père un chimiste distingué, auquel la peinture est redevable de quelques découvertes utiles, et qui lui-même aimait passionnément cet art sublime. Aussi le jeune Taunay put-il se livrer sans obstacle à ses premières impressions ; dès qu'on lui eut permis de feuilleter les cartons d'estampes, objets de sa furtive prédilection, il passait des journées entières à les admirer : plus de sommeil, plus de jeux; il fallait toute l'autorité d'une bonne mère pour l'arracher au danger de cette passion. Il n'était encore que dessinateur, et l'imperfection d'un organe indispensable au peintre eut probablement borné sa vocation à la gravure, si l'art de l'opticien n'eût dissipé par ses verres magiques le voile dont les merveilles de la nature étaient couvertes à ses yeux. Muni de lunettes, il aperçut avec la rapidité de l'éclair les vives décorations du théâtre sur lequel il était appelé à jouer un rôle; on l'ouït jeter un cri de surprise et d'admiration comme devant le miracle du *fiat lux*; dès lors, il saisit une palette et des pinceaux : il fut coloriste, et il avait douze ans!

Nous n'abandonnerons pas l'époque de son enfance, sans rapporter une anecdote qui retrace la précocité de son esprit ingénieux et dont on regrette qu'il n'ait pas fait plus tard la caricature. Mis de bonne heure sous le patronage d'un pédagogue, il en supportait impatiemment les éternelles harangues. Un soir donc que le flambeau se trouvait seul interposé entre le maître et l'élève, celui-ci ayant à subir une mercuriale dont il ne prévoyait pas la fin, et s'apercevant que le magister avait un bonnet surmonté d'une grosse houppe de laine suivant l'usage du temps, il s'avise d'une soudaine espiéglerie, prend un air plus contrit que de coutume, se met à avancer insensiblement la lumière jusque sous la tête de l'impitoyable discoureur; tout à coup, et à sa grande joie, la houppe s'enflamme et brûle...... Saisissant alors d'une main sûre la coiffure et peut-être la perruque du pédant effrayé, il les jette au loin et les foule aux pieds avec un hypocrite empressement. Il se donna ainsi tout le mérite d'une bonne action, et sut éviter une péroraison qu'eussent appuyée quelques coups de férule ou de martinet.

Cette gaîté fine et railleuse était le trait saillant de son caractère que ne purent assombrir ses études à l'Académie; loin d'y absorber toute sa pensée, il trouvait le temps de composer de petits tableaux dont le débit au rabais lui procura l'indépendance, mais elle n'eut aucun péril pour lui, et son aisance à l'âge critique des passions lui permit de travailler avec plus de ferveur et de succès. Quoiqu'en général il fût soigneux de sa mise, l'ardeur de l'étude l'emportait souvent sur les soins de la toilette, et dans une certaine occasion il dut peut-être la conservation de sa vie à la négligence de son accoutrement. Il s'était logé, pour être moins distrait, dans un faubourg de Paris; un jardinet en friche était attenant à sa demeure. Quelle ne fut pas sa surprise, un matin à la pointe du jour, en sortant dans son petit domaine, d'y voir empreinte sur la neige qui avait tombé la veille en abondance, la trace de souliers et d'un bâton ferrés! un voleur, un assassin sans doute était venu jusque sur son perron, et l'ayant vu à travers une porte vitrée de nulle défense, occupé sous la pâle lueur d'une lampe à dessiner silencieusement une tête de mort, dans le costume d'un échappé des enfers, il avait renoncé à son entreprise en laissant sur la muraille de clôture des traces non équivoques de son double passage; que si la peur ne contribua pas seule à l'évasion du larron, ce fut cette croyance, si généralement répandue, qu'un peintre est trop pauvre pour craindre les voleurs.

Le jeune Taunay n'ambitionnait pas les faveurs de la fortune, et, sans les dédaigner, il ne pensait qu'à la gloire de primer parmi ses émules dont il savait se concilier l'affection. Aussi avec quel enthousiasme ils le portèrent en triomphe le jour, où à peine en possession de la robe virile, il fut élu membre de l'Académie à l'unanimité des suffrages sur la présentation d'un tableau qui n'était, à vrai dire, que son coup d'essai. (C'était une Cananéenne.)

Ses jours ne furent plus depuis qu'un enchaînement de succès mérités, et l'histoire de sa vie se borne, en quelque sorte, à l'appréciation de ses ouvrages. Peu d'événemens en ont marqué les divers périodes; comme ils étaient à son avantage, il les tenait cachés, et personne n'ignore qu'une véritable modestie était le cachet de ses vertus privées et de ses talens.

Bien que revêtu de la dignité d'académicien, il accepta la condition, qu'il eut le bon esprit de regarder comme une faveur, de passer trois ans à Rome, en se bornant aux droits et au régime des pensionnaires, au nombre desquels étaient alors David et Drouais. L'influence de la capitale des arts lui fit contracter l'habitude d'un style noble, élevé, antique; témoin le tableau qu'il envoya alors en France pour faire preuve de ses progrès (l'Ange conduisant Tobie par la main), conception remarquable, dans laquelle l'inspiration des grands maîtres s'unit à l'originalité d'un talent que les peintres d'histoire proprement dits lui ont souvent envié.

Toutefois bornant à ce qu'on nomme *le genre* la prodigieuse fécondité de son pinceau, on le vit, comme Horace, épuiser les sujets en ne paraissant que les effleurer. En effet, il y a toujours de la pensée dans ses compositions, même les plus indifférentes. S'il veut retracer *un repas civique à l'occasion de la paix*, il place adroitement dans un coin du tableau, mais non sans intention, *un chat et un chien mangeant dans la même assiette.*

Prétend-il égayer ses spectateurs par la cérémonie d'une nopce de campagne, il nous peint un jeune garçon enlevant avec grâce la jarretière de la mariée, tandis que M. le curé affecte de se moucher pour ne rien mêler de profane à son saint ministère; pour nous intéresser du sort d'un villageois et d'une villageoise qui viennent d'être fiancés, et dont les paysans du voisinage complètent le mobilier en contribuant chacun pour une pièce à leur installation, on aperçoit dans le lointain, et séparément du cortége, une bergère à la démarche sérieuse, qui porte sur sa tête une bercelonette..... Est-ce l'ivresse de la victoire que Taunay s'ingère d'indiquer et tout ce que coûte de larmes à l'humanité le gain d'une bataille? Il nous offre le personnage d'un courrier militaire arrivant au milieu d'une place publique sur un cheval harassé de fatigue; d'une main il agite dans les airs une branche de laurier, tandis que de l'autre il remet une lettre déployée à une femme âgée, qui, à cet aspect, tombe évanouie. Il est facile de deviner que cette femme était mère et qu'elle ne l'est plus! Ces contrastes si bien ménagés de douleur et de joie, ce désordre d'une foule empressée que surmonte un coq chantant victoire sur le pignon du toit le plus voisin, tout cela décèle, non-seulement le peintre habile à profiter des ressources de son art, mais le poëte inspiré, mais le philosophe, mais le penseur!! Ici, c'est un sujet consacrant la bonté touchante des animaux, que l'homme égorge sans pitié pour assouvir son amour du gain : un boucher détache de son gîte habituel l'agneau chéri de sa femme, que l'on voit se sauver en sanglottant. L'innocente victime lèche la main dont elle va être immolée. Voilà l'intérêt inhérent au choix et au développement du sujet; voilà de la mise en scène, adresse d'esprit inappréciable dont la tradition se perd fréquemment, et dont Taunay a possédé le secret mieux que personne! C'est encore ce qu'on retrouve au plus haut point dans l'ingénieux tableau *de la Folie écrivant la vie des hommes illustres sous la dictée d'arlequin, tandis qu'à ses pieds est un globe terrestre que sa marotte couvre en entier*; certes, la peinture ne peut donner une leçon plus directe sur la vanité des choses humaines; cette facétie vaut à elle seule tout un sermon de Bossuet; c'est le livre d'Érasme en action, et le bon homme Rabelais se fût pâmé d'aise en contemplant cette vivante image des travers de la société. (*Voy.* le n° 6 du catalogue.) Si nous voulions analyser successivement les tableaux de Taunay, considérés sous ce point de vue, il faudrait consentir à faire un traité complet de morale appliqué aux arts; disons en deux mots, que sa réputation date de loin à cet égard, et qu'on caractérise bien son immense mérite en le proclamant *le Lafontaine de la peinture, le Poussin des petits tableaux!*

Ce genre de supériorité serait-il donc enfin méconnu par la plus spirituelle nation du monde, aujourd'hui qu'il suffit de donner pour titre à une composition, d'ailleurs insignifiante : *le canard, la mauve, le chemin creux, le buisson ?* Nous ne saurions le croire, et nous aimons à nous persuader au contraire que les hautes combinaisons du génie ne sont pas considérées comme hors d'œuvre, et que l'on ne confondra jamais la conception du peintre philosophe avec les abstractions de la métaphysique ou de la froide allégorie!

D'ailleurs, le talent de Taunay ne se recommande pas seulement par cette qualité essentielle et qui est comme l'âme de la peinture! Successivement élève, mais plutôt de nom que de fait, de peintres plus ou moins renommés, et entre autres de *Cazanova*, il se créa une manière neuve sans mélange de bizarrerie; point de réminiscence sentant le plagiat; sa touche est large, ferme, spirituelle; ses tableaux finis conservent le charme des ébauches; ses croquis ont presque la suavité de peintures achevées : qui mieux que ce maître sut jamais coordonner les accessoires au motif principal? Ou rencontrer un crayon plus délicat, un ton local plus immédiat, plus varié? un goût d'architecture plus grandiose et plus sévère? C'est toujours la nature, mais la belle nature; et si parfois l'on serait tenté d'apercevoir et de dénoncer une incorrection de dessin, c'est, comme dans notre fabuliste par excellence, un sacrifice nécessaire de la part de l'auteur et compensé par des beautés de premier ordre : personne, on peut l'affirmer, personne n'entendit mieux que lui l'heureux balancement des lignes en rapport avec la dimension du cadre et le choix du sujet!

Et ce qui distingue, encore plus que toute autre chose, ce peintre fécond, original et vrai, c'est d'avoir reproduit les batailles comme un général d'armée rompu aux fatigues de la guerre et consommé dans l'entente des habitudes belliqueuses; les Idyles, comme Théocrite et Virgile, ou plutôt comme un des aimables pâtres de ces grands poëtes ! car, et nous reproduisons cette analogie avec conviction, nul, après Lafontaine, dans ses fables inimitables, n'a mis les animaux en scène avec plus d'esprit et de grâce ; nous n'en exceptons ni Berghem, ni Karel du Jardin.

Pour couper court à cette digression, hâtons-nous de dire qu'une autre passion que celle de son art faisait supporter impatiemment à notre habile peintre l'abscence de la patrie ! Quoiqu'il y eût beaucoup à profiter pour lui sous le ciel qui avait inspiré Michel-Ange et Raphaël, après ses trois ans révolus de séjour à Rome, il revint en France serrer les nœuds d'un hymen projeté avant son départ. C'est ici le moment de le représenter en voyage : il avait passé par le Piémont pour se rendre en Italie ; il revint par la Suisse, ne négligeant aucune occasion d'enrichir ses cartons d'études peintes ou de simples lavis, et se détournant au besoin de son itinéraire pour découvrir des aspects plus merveilleux ; entouré de quelques artistes dont il était l'idole, intime ami de Bidault et de ce même Demarne, qui l'a précédé de bien peu dans la tombe, il ne reparut à Paris que dans la plénitude d'un talent qui devait encore s'accroître, et qui, s'il avait eu une aurore, ne devait pas avoir de déclin : c'est ce que prouve jusqu'à l'évidence la contemplation de son cabinet, tel qu'il est présenté au public, sans distraction d'un seul de ses ouvrages où l'on pût remarquer des traces de médiocrité ; que l'on voie et qu'on juge !

Ni les soucis du ménage, ni la naissance successive de nombreux enfans, ni les secousses d'une révolution, féconde en persécutions de tout genre, rien n'altéra son amour pour la peinture : retiré dans une modeste demeure à Montmorency, il y habita long-temps le petit Mont-Louis, retraite illustrée par le séjour qu'y fit J.-J. Rousseau dont il se souvenait avec orgueil d'avoir reçu un fruit dans son enfance, et vit s'écouler ses jours dans la quiétude de la vie patriarcale, car jamais la soif des grandeurs ou des richesses ne le saisit à la gorge, et comme le sage il n'ignorait pas

Que la fortune vend ce qu'on croit qu'elle donne!

Malheureusement cette douce médiocrité ne fut pas toujours son partage : ajoutons pour rendre hommage à la vérité, qu'après avoir perdu aux différentes phases de nos troubles politiques le fruit de ses économies et la dot de sa femme, qu'après avoir achevé de s'appauvrir en donnant une éducation vraiment libérale à ses cinq fils, il se vit tout à coup en proie à de vives inquiétudes sur le sort futur de sa famille, et que gémissant avec non moins d'amertume sur les malheurs de sa patrie que sur son propre dénûment, il crut devoir assembler le peu de ressources qui lui restaient et risquer les chances d'un voyage de long cours dans l'espérance de ressaisir ce qu'il avait perdu. Ce fut dans cette situation d'esprit que, cédant aux instances diplomatiques des agens portugais en résidence à Paris, il entreprit et exécuta son voyage du Brésil où, disait-on, un accueil digne de sa haute réputation lui était ménagé. Promesse fallacieuse, quoique faite de bonne foi, et dont le résultat ne lui valut que des dégoûts et une aggravation de détresse, au lieu de lui procurer gloire et profit comme on lui en avait donné l'assurance.

Nous n'entrerons pas dans les détails de cette expédition aventureuse et semi-historique. Elle fut malheureuse pour lui, mais utile aux beaux-arts, puisqu'en dernière analyse, ce peintre habile devait se trouver aux prises avec une nature inconnue à la muse pittoresque. La réussite de ses efforts peut dignement s'apprécier en voyant les beaux tableaux faits par lui sous le prisme de cette nouvelle inspiration. Tantôt ce sont des vues de l'élégante cité de Rio-Janeiro, que surmontent ses nombreux clochers et son aqueduc au double rang d'arcades, construction digne en effet de l'architecture romaine! Tantôt des solitudes baignées par la mer au milieu des plus imposantes montagnes; là, c'est un petit tableau délicieux représentant *l'église de la Gloria*, monument d'une apparence moresque, dans lequel reposent les restes d'un frère vraiment digne de l'être (Taunay, Auguste, mort à Rio-Janeiro, en avril 1824), l'un des plus habiles statuaires qu'a comptés l'École française depuis Jean Goujon, et dont les artistes ont regretté la fin prématurée.

Ce ne fut pas au reste la seule perte douloureuse qu'ait eu à déplorer le père de famille dans cette vaste Amérique du Sud. Dans l'intérieur des terres, à plus de huit cents lieues de Rio-Janeiro, devait périr par un accident à jamais déplorable, le plus jeune de ses enfans, sujet doué de dispositions rares pour la peinture, et qui à peine âgé de 25 ans, avait déjà fait un voyage autour du monde. Les journaux ont rendu compte dans le temps de ce triste événement ; et cette nouvelle déchirante pour un père, ne lui parvint qu'après son retour définitif, dans une patrie où l'accueil le plus touchant lui était réservé ! Mais alors lui-même n'avait plus qu'un petit nombre d'années à vivre, et l'instant marqué dans le livre de fer n'arriva que trop tôt. Plus que septuagénaire, mais conservé par une tempérance de toute sa vie, il s'était retiré avec sa femme chez le seul de ses fils qui résidât en France. Exempt de souffrances physiques et de peines morales, il s'était entouré des plus beaux tableaux qu'il eût composés pendant sa longue et honorable carrière, et qu'il s'était plu à retoucher, jusqu'à ce que son goût délicat et sévère n'y découvrit aucune imperfection ; il les avait placés de manière à se faire valoir réciproquement ; il peignait encore, car la nature l'avait formé pour peindre ; sa plus grande distraction était de se rendre tous les samedis, et de son pied, parmi ses confrères, à l'Institut, qui tous étaient, ou ses amis, ou ses admirateurs ; doyen de sa classe depuis le trépas de Regnault, et respectable entre tous les vieillards par son aménité et son noble extérieur ! heureux surtout des soins dont sa femme et sa bru l'entouraient… hélas ! tant de sécurité dans le présent… tant de raisons de croire que sa carrière dût encore se prolonger… Vain espoir ! La catastrophe fut d'autant plus affreuse pour les siens, qu'elle avait été inattendue ! Une faiblesse soudaine, funeste présage de mort, le força de prendre le lit, et quinze jours après, il avait cessé d'être. Ni la science des médecins, ni le dévouement de ses amis, ni le désespoir de sa femme et de ses enfans, ne purent

éloigner le terme fatal! l'heure suprême avait sonné!!
Son dernier soupir s'exhala le 20 mars 1830, à l'âge de
soixante-quinze ans.

Mais de quelle gloire ne furent pas marquées ses funé-
railles, qui eurent lieu à Saint-Sulpice et au cimetière
du Sud ; la classe des beaux-arts de l'Institut s'y rendit,
non par l'hommage accoutumé d'une simple députation,
mais en corps, mais chaque membre individuellement
et pénétré de la plus sincère affection ; là, sur le terrain
exigu où sa famille lui a élevé depuis un modeste monument, M. le baron Gros lut avec l'accent de la douleur,
un discours de M. Castellan, membre libre de l'Académie des beaux-arts, et l'un des meilleurs amis du dé-
funt. Hélas! on peut louer dignement ceux qui ne sont
plus, et c'est ce qu'il a fait ; mais il ne nous est pas
donné de les faire revivre! Ce prodige, s'il était possible,
serait obtenu par les contemporains qui voient disparaître de leurs rangs une grande célébrité.

Peut-on se flatter raisonnablement que le talent de
Taunay se perpétue dans celui de quelques artistes admirateurs d'un tel génie? Le temps donnera une solution
à cette question d'une haute importance ; pour des
élèves, il s'était interdit d'en faire par un cas de cons-
cience bien préjudiciable à ses intérêts, et quel que fût
l'empressement des jeunes peintres pour avoir accès dans
son atelier, nouveau Protée, il revêtait toutes les formes
pour échapper à leur poursuite ; un seul (1), plus persé-
vérant, plus amical peut-être que ne s'étaient montrés

---

(1) M. Ronmy.

les autres, obtint la faveur de conseils dérobés pour ainsi dire, au souffle pythonnien! Formons le vœu, et il trouvera de l'écho chez les véritables artistes, depuis les plus haut placés sur l'échelle sociale, jusqu'aux moins favorisés des enfans d'Apollon, formons le vœu, disons-nous, qu'un lot assez considérable des beaux ouvrages, composant la vente du cabinet de Taunay, soit placé, ainsi que son buste (1), dans les immortelles galeries du Muséum, pour y populariser, en quelque sorte, le mérite trop sacrifié, jusqu'à ce jour, de l'Ecole française, comparativement aux écoles étrangères; la gloire du pays et l'honneur du gouvernement y sont intéressés.

---

(1) Ce que nous disons ici du buste de Taunay, est applicable avec non moins de raison à ceux des grands peintres dont l'Ecole française pleure la mort récente, David, Girodet, Prud'hon, Regnault, Demarne et autres.

M. Ramey, fils, dont le talent généralement apprécié est au-dessus de nos éloges, s'est chargé de faire le buste de Taunay d'après une image moulée sur nature, après la mort, et parfaitement réussie.

PREMIÈRE PARTIE.

TABLEAUX PRÉCIEUX

DE TAUNAY.

François Francia.

N° 1. Francia, peintre de Bologne, était l'ami de Raphaël, et pourtant n'en connaissait les ouvrages que de réputation. Il se croyait égal à ce grand peintre. Raphaël, ayant peint la *sainte Cécile* pour la ville de Bologne, pria son ami de recevoir son tableau, de le faire mettre en état et de le livrer de sa part. *Francia, en voyant ce chef-d'œuvre, est tellement frappé de la supériorité du talent de Raphaël sur le sien, qu'il tombe évanoui.* Il mourut peu de temps après.

Tel est le sujet choisi par Taunay; il a su l'enrichir en peignant Francia dans son atelier, entouré de ses élèves, au moment où l'on vient de mettre la *sainte Cécile* sur châssis. On voit sur la figure du peintre que ce n'est ni la jalousie, ni l'orgueil qui lui causent tant d'impression. Ses disciples s'empressent de le soutenir et s'étonnent de cet évanouissement subit. Leurs sentimens sont partagés entre leur vif intérêt pour lui et l'admiration que leur inspire le chef-d'œuvre qu'ils ont devant les yeux.

Cette scène touchante est rendue avec sentiment et avec la simplicité qu'exigeait un tel sujet. Le groupe principal reçoit la lumière d'une croisée placée à la gauche du tableau. T. h. 30, l. 24.

Même sujet.

2. On ne remarque aucun changement dans ce précieux tableau ; il est sans doute le premier que fit M. Taunay pour cette composition. T. l. 15, h. 12.

La saltarella.

3. Un napolitain et sa jeune compagne exécutent une danse vive et légère.

Leur grâce et leur agilité fixent l'attention d'un grand nombre d'assistans divisés en plusieurs groupes et formant un cercle autour d'eux.

Parmi ces curieux on distingue un musicien monté sur des planches, des femmes assises et distraites de leur conversation, un cavalier enveloppé de son manteau, et d'un autre côté des paysannes dont une est montée sur un cheval blanc ; près de là sont des jeunes gens assis, debout ou couchés sur le gazon. Des tonneaux et autres accessoires apportés sous une tente construite à la hâte, annoncent que la danse sera suivie d'un repas. Cette composition est *couronnée* par des arbres élevés et se détache sur un fond orné de fabriques et terminé par des montagnes.

Ce tableau important par la richesse de sa composition est d'un aspect aimable et d'un effet piquant; il retrace exactement le beau pays de l'Italie et semble représenter un jour de fête. L'exécution légère et gracieuse répond à la nature du sujet. T. l. 30, h. 24.

Le frappement du rocher

4. Moïse vient de frapper le rocher d'Oreb, l'eau jaillit; le peuple et l'armée d'Israël languissant dans les champs de Raphidim, s'élancent en foule pour soulager cette soif ardente qui les dévorait.

On ne peut donner une idée du génie fécond et de l'érudition dont chaque trait dans ce tableau porte le caractère. Quel contraste frappant que l'empressement des plus altérés ne s'occupant que d'apaiser leur soif, avec la stupeur de ceux restés dans l'admiration de ce miracle.

Chaque groupe est un sujet pathétique et touchant; ce père portant dans ses bras son fils privé de sentiment; cette fille soutenant sa mère tombée de faiblesse; ces Israélites rendant grâce au Tout-Puissant; ces deux jeunes hommes portant un vieillard que ses forces ont abandonné; ces malheureux se traînant vers le lieu où ils entendent le bruit du torrent, et ceux-là s'empressant d'emplir leurs vases comme dans la crainte de voir disparaître cette eau bienfaisante venue par enchantement; tout jusqu'à ce chameau que son instinct attire au même endroit, tout concourt à donner à cette scène la juste idée de l'événement, de son lieu et de son époque.

Sur le rocher où Moïse domine toute la composition, s'élève un arbre immense dont la beauté et la force indiquent qu'il croît sur un terrain fertilisé par une source. T. l. 3o, h. 24.

L'entrée de la grande armée.

5. Au retour de la campagne de Prusse, l'armée de Napoléon ayant en tête ses porte-drapeaux et ses premiers généraux, est reçue à la barrière de Pantin par le préfet et les autorités. Elle va passer sous un arc de triomphe décoré de trophées et sur lequel se trouve un char portant la statue de l'empereur. Une foule de curieux afflue de tout côté et principalement de celui-ci, sur le devant du tableau où sont retracés nombre d'épisodes variés et pris sur nature.

Ce tableau de la plus grande importance est remarquable par la dimension des figures qui excèdent celle que Taunay semblait avoir adoptée; il l'est aussi par le mérite et le rare talent avec lequel l'auteur a évité l'écueil que présentait la régularité d'une marche de militaires de notre époque. Enfin ce qui concourt encore à en faire une production de premier ordre, c'est cette richesse et cette variété dans les groupes de spectateurs dont la multitude s'étend jusque dans les fonds.

Nous croyons pouvoir dire que ce tableau, traité par un grand peintre et qui rappelle une des plus belles journées de la gloire française, est digne, sous ce double rapport, d'enrichir une gallerie ou un établissement public. T. l. 75, h. 54.

Le théâtre de la Folie.

6. Sujet allégorique traité avec esprit et philosophie, où l'artiste a voulu peindre le temple de la Folie.

Sur une place publique et à l'ombre d'un grand arbre, se trouve un théâtre légèrement construit, devant lequel la Folie, montée sur des tréteaux, regarde les spectateurs en souriant, et écrit la vie des *hommes illustres* sous la dictée d'arlequin. La marotte posée sur le globe terrestre, indique que la Folie préside à toutes les actions des hommes. Le peintre a écrit sur un des côtés du théâtre : *Il y a place pour tout le monde.* Il a eu soin de réunir parmi les nombreux assistans, des personnes jeunes et vieilles, pauvres ou riches, de toutes les classes et de tous les temps. L'exécution de ce tableau est aussi légère et agréable que la composition en est ingénieuse, gaie et philosophique. T. l. 30, h. 24.

Bataille de Nazareth.

7. « Junot arriva au village de Cana à huit heures du matin. L'ennemi se trouvait en nombre de deux ou trois mille chevaux dans la plaine. Junot n'en fut point intimidé, malgré le petit nombre des siens; il n'avait à ce moment que 500 fantassins et 150 cavaliers.

Arrivé au débouché de la vallée de Cana à Loubi, les Français virent en effet deux ou trois mille cavaliers dans la plaine qui se trouve entre Loubi et le Mont-Thabor. Junot plaça son infanterie en bataille sur quatre rangs; la cavalerie à gauche faisant face au Mont-Thabor. Il se disposait à avancer lorsqu'il aperçut derrière lui un corps de cavalerie ennemie. Alors il fit quelques changemens dans ses dispositions. L'ennemi s'attendait à n'éprouver aucune résistance, s'étant avancé à portée de pistolet sans essuyer aucun feu. Il fut accueilli tout à coup par la décharge la plus vive et la plus meurtrière, et perdit en un instant plus de trois cents des siens.

Bientôt revenu de son premier étonnement, l'ennemi fort de sa supériorité, ne tarda pas à recommencer l'attaque. Il fut reçu cette seconde fois avec plus d'intrépidité et perdit deux cents hommes.

Dans cette charge, un sous-officier de dragon arracha un étendard à un cavalier ennemi, qui se défendit vaillamment. Les deux guerriers restèrent pendant plusieurs minutes serrés corps à corps.

Leurs deux chevaux s'abattirent; le Français, plus agile, dégage sa main droite et passe son sabre au travers du corps de son adversaire.

Junot s'était écarté de son infanterie pour voir de plus près la lutte de ses intrépides carabiniers avec les Mameloucks. Deux de ces derniers se précipitèrent sur lui avec furie. Junot, d'un coup de pistolet, renverse le premier, et assène un coup de sabre au second qui fuit à toute bride. »

Tel était le programme donné aux artistes, lorsque ce sujet fut mis au concours pour être exécuté en grand. M. Taunay était du nombre des concurrens ; son tableau (celui dont il s'agit ici) porte tout le caractère d'une production faite d'impulsion, dans un assaut de génie et de talent.

On essaierait en vain, par la description, de donner une juste idée de l'ensemble et des nombreux épisodes rendus avec tant d'énergie et de sentiment dans cette belle composition qui, par son étendue, semble le *panorama* d'une bataille, témoignage non équivoque de la fécondité et de la force du talent de son auteur. T. l. 54, h. 34.

Moïse sauvé.

8. Thermutis, fille de Pharaon, vient d'apercevoir, parmi des joncs et des roseaux, le jeune Moïse exposé dans un berceau sur les bords du Nil. Elle a ordonné à quatre de ses femmes de retirer ce bel enfant de l'eau.

Ce sujet, traité d'une manière digne d'un peintre d'histoire, est représenté dans un paysage d'un style noble, et d'une belle composition. On remarque, sur les différens plans, des arbres, des buissons épais, et, dans l'éloignement, les bâtimens d'une ville. T. l. 50, h. 24.

Bazar turc dans les ruines d'un temple antique.

9. Sur la place d'une ville de la Grèce, près de la galerie d'un temple où l'on a établi un bazar, et non loin d'un obélisque, se trouvent de nombreux groupes de marchands orientaux. L'œil se porte pre-

mièrement sur un groupe au premier plan : c'est un turc dont la tournure annonce l'opulence, et qui offre une bourse à un homme assis sur un ballot. Ces personnages sont entourés d'esclaves et de marchands. Vers la gauche du tableau, et toujours en avant, un turc, monté sur un cheval bai foncé, fait donner l'aumône à une femme tenant son enfant.

Il serait trop long de décrire les nombreux épisodes représentés dans ce beau tableau : ces colporteurs offrant des marchandises à des femmes, ces esclaves portant et rangeant des ballots, ceux-là fatigués et se reposant, celui-ci monté sur un énorme éléphant, enfin ce mouvement, cette multitude rendue sans confusion. Toutes les idées du peintre s'interprètent facilement. Chaque détail ajoute au caractère du sujet. T. l: 30, h. 24.

Même sujet.

10. Ce tableau est exactement, en plus petit, la même composition que la précédente T. l. 15, h. 12.

Halte de militaires.

11. Des militaires fermant la marche d'un convoi nombreux dont une grande partie vient de défiler et se voit encore au second plan. Ils sont arrêtés pour prendre un moment de repos. L'un charge des effets sur son cheval, d'autres arrangent leur chaussure, tandis qu'un cavalier écoute ce que lui dit une

vivandière. Un peu plus loin, on aperçoit une charrette où se trouvent des blessés, et près de laquelle sont des soldats et des cantinières. Deux officiers semblent inspecter ce qui se passe, et avertir que l'on va se remettre en route, afin de rejoindre le corps principal du convoi passant sous une porte de frontière.

Le peintre a su joindre le premier groupe avec celui du second plan, en plaçant entre eux des figures dispersées çà et là. Il est impossible de mettre plus de mouvement dans l'ensemble d'un sujet de ce genre. Il règne entre chaque figure un accord parfait et la plus heureuse disposition. Les arbres et les broussailles que l'on voit sur les différens plans complètent l'agencement de la composition. Une haute montagne qui occupe presque tout le fond du tableau, et dont le ton s'harmonise avec le ciel, donne au paysage un caractère remarquable. L. 30, h. 24.

Même sujet.

12. Cette répétition, d'une touche légère et facile, ne diffère de l'autre qu'en cela qu'elle est éclairée par un ciel moins chargé de nuages que dans le tableau précédent. T. l. 15, h. 12.

Le loup enragé.

13. Un homme et sa femme, au moment où ils allaient sortir de la cour de leur maison, sont assaillis par un loup furieux. Ces malheureux, déjà renversés, se-

raient victimes de la bête féroce, si un homme, armé d'une fourche, ne venait les délivrer. Celui-ci a plongé son arme dans les flancs du loup, qui ne pense plus qu'à ce nouvel antagoniste. Un garçon de ferme accourt avec un bâton, tandis qu'un enfant s'est réfugié derrière le battant de la porte.

Ce précieux tableau est plein d'expression et de mouvement. T. h. 8, l. 7.

Le porte-drapeau.

14. Tandis qu'un nombreux convoi d'infanterie gravit un chemin montant que l'on distingue au second plan, un grand nombre de soldats, restés en arrière et escortant une voiture de blessés, se sont arrêtés pour se désaltérer dans une eau vive sur le bord de la route. Un d'eux porte son frère d'armes blessé. Vers le même endroit, parmi des groupes variés et intéressans, on remarque un grenadier debout et pressant contre lui le drapeau tricolore, dont la hauteur domine la composition.

Le site où cette scène pleine de mouvement est représentée, donne à penser que Taunay a voulu peindre un épisode de la campagne d'Italie.

Ce tableau est d'une grande force d'exécution. T. l. 24, h. 20.

Suzanne.

15. Suzanne, surprise par les deux vieillards, s'empresse de prendre ses vêtemens qu'elle avait laissés au bord d'une eau limpide dans laquelle elle se bai-

gnait. Les deux séducteurs essaient en vain de calmer son effroi, par les protestations d'un amour criminel et l'assurance que cette scène imprévue n'a pas de témoins.

Ce sujet, rendu avec sentiment, et de la plus belle exécution, est placé dans un lieu mystérieux, sous le feuillage épais d'un chêne. T. h. 11, l. 9.

La statue de saint Charles Borromée.

16. L'impératrice Joséphine, visitant une des îles du Lac-Majeur, arrive au promontoire où, dans une avenue immense, s'élève le colosse de saint Charles Borromée. Les rayons du soleil frappant sur cette statue et dans tout le tableau, donnent à cette composition un effet magique. L'impératrice, entourée des personnages de sa cour, est reçue dans ce lieu par un cardinal : elle fait distribuer des aumônes aux pauvres qui l'entourent et la bénissent. Un moine est chargé de cette œuvre de bienfaisance. Une jeune femme assise est occupée à prendre le *croquis* de ce site extraordinaire : elle captive l'attention de quelques personnages. T. h. 29 1/2, l. 23 1/2.

LES QUATRE ÉVANGÉLISTES.

Saint Luc.

17. Dans le fond d'une vaste forêt dont les arbres espacés laissent apercevoir la profondeur, saint Luc assis, médite et écrit l'*Evangile*. Un bœuf est près de lui, et broute le feuillage d'un buisson. T. h. 30, l. 24.

Saint Mathieu.

18. A l'ombre de grands arbres, dans un site où règnent la solitude et le calme, saint Mathieu, assis sur une pierre, écrit la parole de Dieu sous la dictée d'un ange envoyé pour la lui transmettre. T. l. 30, h. 24.

Saint Gérôme.

19. Retiré dans le fond d'un désert, et assis près d'immenses rochers en partie couverts de ronces et d'arbres sauvages, saint Gérôme semble inspiré par la lecture de ce qu'il vient d'écrire. Un lion, seul compagnon du prophète, est placé sur le devant, et anime cette composition. T. l. 30, h. 24.

Saint Jean.

20. Celui-ci est placé près de sa demeure, pratiquée dans un rocher, au milieu d'un ravin escarpé, où il semble que lui seul ait pu pénétrer. Il est assis, et écrit l'*Evangile*. Près de lui, sur un rocher, est un aigle tenant un serpent dans son bec. On aperçoit dans le fond, et derrière d'épais buissons, les bâtimens d'une ville construite en amphithéâtre. T. l. 30, h. 24.

Ces quatre tableaux, d'un genre sévère, sont traités avec noblesse et dans un style convenable au sujet. Ils ont tous un aspect grandiose et simple. A part les figures, nous appellerons l'attention sur les paysages : ils sont d'une composition poétique, touchés avec force et énergie; ils donnent une juste idée de cette nature sauvage et agreste où les évangélistes allaient chercher, loin des hommes, des lieux solitaires pour s'y livrer à leurs profondes méditations, et élever leur esprit à la hauteur de la Divinité.

Le retour du marché.

21. Quatre jeunes femmes, dans le costume italien, reviennent du marché. Chemin faisant, elles s'entretiennent de la réussite de leur commerce. Trois d'entre elles sont chargées de diverses marchandises ; la quatrième ne porte qu'une bourse, et semble, en plaisantant ses compagnes, leur faire sentir son avantage. Plus loin, on voit une femme montée sur son âne, et traversant un pont : elle cause avec un villageois. D'un autre côté, sont des vaches conduites par un pâtre, et traversant un gué. C'est dans une fertile et riante campagne que Taunay a représenté cette scène ingénieusement composée. Les figures, d'une dimension plus grande que dans les autres tableaux, y sont touchées avec vigueur, et ajustées d'une manière élégante. T. l. 30, h. 24.

Même sujet.

22. M. Taunay, dans cette répétition où brille toute la fraîcheur et toute la grâce de son pinceau, a jugé à propos, à cause du peu d'étendue du *cadre*, de ne point mettre le groupe d'arbres que l'on voit dans le grand tableau : c'est le seul changement à remarquer. T. l. 12, h. 9.

Joseph.

23. Le jeune Joseph, debout au milieu de ses frères, leur explique ses songes; son mouvement indique l'élévation du sujet qui l'inspire. Chacun de ses frères exprime par son geste le sentiment qui l'anime, et presque tous leur jalousie naissante. Ce groupe, savamment composé, est placé à l'ombre de grands arbres, dans un paysage d'un style noble et sévère, animé par des bestiaux paissant, çà et là, dans la campagne. Ce tableau est tellement satisfaisant dans toutes ses parties, qu'il serait trop long de faire l'énumération de ses nombreuses qualités. Seulement on peut dire, sans craindre d'être taxé de partialité ou d'exagération, qu'il est un vrai chef-d'œuvre dans son genre. T. l. 15, h. 12.

Le fandango napolitain,

24. Composition très-gaie et très-animée, d'une couleur brillante et d'un effet piquant. Dans une campagne d'Italie, une grande quantité de villageois exécutent une danse vive et légère. Parmi les spectateurs, on remarque d'un côté un Italien assis et pinçant de la guitare et un autre jouant du violon. Vers la droite et sur le second plan, sont encore des groupes variés. Le fond offre une élégante fabrique et des pins entourés de buissons.

Pouvait-on donner à ce sujet plus de mouvement et plus de grâce? Pouvait-on dans un cadre si peu étendu placer plus heureusement tant de figures et d'épisodes intéressans ? T. h. 12, l. 15.

Vue du lac Boto-Fago.

25. Cette vue est prise d'une hauteur entourée de buissons et sur un chemin montant où se trouvent quelques négresses, l'une montée sur un âne, l'autre portant un paquet. De l'autre côté du lac, on voit les montagnes la *Gavia* et le *Corcovado*. T. h. 15, l. 17.

Le lendemain d'une bataille.

26. Des soldats se reposent des fatigues de la veille en jouant aux cartes ; plusieurs de leurs frères d'armes, les uns debout, les autres assis ou couchés sur le gazon, paraissent s'intéresser à la partie. A droite, près d'une tente faite à la hâte, est une femme portant des vivres. Le peintre a placé de l'autre côté, près d'un massif d'arbres verts, plusieurs groupes ingénieusement composés ; ce sont des soldats portant leurs compagnons blessés, d'autres chargés de paquets, et près de là un chariot attelé de plusieurs chevaux. Plus loin encore, on aperçoit à travers des broussailles un bataillon d'infanterie en marche et escorté d'officiers.

On ne peut décrire avec quelle adresse M. Taunay a distribué ses figures dans ce charmant tableau ; quelle variété de poses et de mouvemens ; quel heureux agencement dans l'ensemble de la composition ! rien n'est plus original que le contraste qui existe entre l'activité des groupes du second plan et le calme de ces soldats occupés de leur jeu. Ce dernier groupe est le plus important; c'est sur lui que le peintre a réuni le plus piquant de l'effet. T. l. 15, h. 12.

Vue de la Gloria (église à Rio-Janeiro).

27. Cet édifice, d'un style moresque et d'une forme élégante, est placé sur une hauteur, et domine la baie de Rio-Janeiro, dont les eaux s'étendent sur le devant du tableau. Là, se trouvent des barques à voiles et des chaloupes, ainsi que des habitans du pays se baignant et d'autres menant boire leurs chevaux. Les hautes montagnes du fond, entre autres celle connue sous le nom de *Pain-de-Sucre,* donnent à ce tableau un aspect original. Précieux souvenir de ce beau pays; il semble que le peintre inspiré ait voulu donner, par le ton de son tableau, une idée de l'air pur que l'on y respire. T. l. 15, h. 12.

Le bazar.

28. Dans un bazar étranger, des marchands de tableaux, de schals, de bijoux et autres objets, offrent leurs marchandises aux regards des curieux. Comme principal groupe, on remarque en avant un particulier achetant un cachemire blanc à deux femmes, dont une assise sur un panier semble plaisanter aux dépens de sa pratique. Plus loin, un homme, la canne sous le bras, examine, à l'aide d'une loupe, un collier que lui fait voir une femme assise devant son étalage; non loin de là, des amateurs, réunis autour d'une table, regardent avec attention des tableaux

qui leur sont présentés. Le peintre a su enrichir sa composition en plaçant, çà et là, des esclaves occupés, l'un à transporter des paquets, d'autres à ouvrir et défaire une malle, et dans le fond quelques-uns occupés à ranger des tableaux. On aperçoit à travers une grande porte une maison entourée d'arbres. Cette scène spirituellement rendue est encore animée par divers accessoires. T. l. 15, h. 12.

Le chanteur de cantiques.

29. Monté sur un tréteau, un chanteur italien indique avec son archet l'image représentant le sujet qu'il chante.

Parmi les nombreux auditeurs qui l'entourent, et où se trouvent des hommes et des femmes dans des attitudes variées et expressives, on remarque un lazzaronis à cheval et se découvrant devant les saintes images.

Plus en avant est une jeune femme s'éloignant du groupe et chantant un des cantiques contenus dans le livre qu'elle vient d'acheter. Cette figure vêtue d'une robe blanche, frappée par la lumière, fait opposition avec le reste du tableau.

Dans le fond, on aperçoit des personnages à table et quelques fabriques. T. l. 15, h. 12.

Soleil couchant.

30. Vue prise au Brésil. Le spectateur est supposé dans une de ces barques que l'on voit sur les eaux tran-

quilles du lac de *Boto-Fago* ; son œil découvre ces hautes montagnes si fertiles et si riches en produits précieux et variés. Celle que le peintre a placée dans une demi-teinte bleuâtre, porte le nom de *Corcovado*, et celle qui reçoit encore la clarté du soleil est la *Gavia*. T. l. 15, h. 12.

La distribution de vivres.

51. Dans la cour et sous les galeries d'un couvent construit près de la tour de Néron, à Rome, des moines distribuent des secours à des indigens. Comme groupe principal, on remarque un pauvre, sa femme et son enfant assis au pied d'une colonne et auxquels un frère hospitalier apporte de la soupe. Près de là, un jeune homme semble avertir deux malheureux accablés de besoin et de fatigue qu'ils vont recevoir des vivres.

Plus loin, on voit un moine distribuant des vêtemens, et un frère servant débâtant une mule.

La composition se termine par la vue des bâtimens du couvent et des maisons de la ville. T. l. 15, h. 12.

Vue du Brésil.

52. Le spectateur est supposé sur la terrasse du couvent de *Saint-François-de-Paul*. De ce point élevé il découvre la baie de Rio-Janeiro, bordée à l'horizon par de hautes montagnes, entre autres, celle dite le *Pain-de-Sucre*. Il voit aussi une partie des bâtimens

de la capitale, dont l'uniformité est rompue par des bouquets d'arbres.

Le peintre a animé cette vue intéressante par la présence de plusieurs figures, parmi lesquelles on remarque des moines du couvent placés sur leur terrasse. L'un d'eux examine les environs à l'aide d'une longue-vue. T. l. 21, h. 17.

Marche d'animaux.

33. Dans un paysage dont le site est pris aux environs du Languedoc, un pâtre, accompagné de deux paysannes montées l'une sur un âne, l'autre sur un cheval blanc, conduit un nombreux troupeau de bestiaux. Vers la gauche, au second plan, un berger ramène ses moutons. De hautes montagnes, dont le pied est baigné par un fleuve, terminent la composition.

Ce précieux tableau, où le peintre a placé des arbres et des buissons légèrement feuillés, brille de tout le talent de Taunay. T. l. 9, h. 6.

Vue des environs de Gênes.

34. La composition est enrichie sur le devant par plusieurs figures représentant des matelots occupés à charger des marchandises dans des chaloupes. Sur le rivage, parmi d'autres groupes, sont deux femmes causant ensemble et un marin se disposant à emporter un ballot. Plus loin, on aperçoit près du bord une barque dont les voiles sont ployées.

Les fabriques et les hautes montagnes que l'on découvre dans les fonds donnent à ce précieux tableau le caractère et l'aspect du pays qu'il représente. T. l. 12, h. 9.

Le retour des champs.

35. Dans un paysage pittoresque du Brésil, des pâtres ramènent leurs bestiaux. Ce sujet se voit parmi des arbres et des buissons. Plus loin, on aperçoit dans une vapeur réchauffée par les rayons du soleil couchant, la haute montagne dite le *Pain-de-Sucre.* T. l. 24, h. 17.

Le coup de vent.

36. Sur une route et non loin de la porte d'une ville d'Italie, dont les bâtimens occupent tout le fond du tableau, est une fontaine placée au pied d'un gros arbre et recevant la lumière qui perce à travers des buissons épais. Des femmes viennent y puiser de l'eau; une d'elles a déjà rempli ses deux vases, et va s'en retourner. Près de là, un voyageur et une villageoise montés sur un cheval se dirigent du côté de la ville. Un nombreux troupeau de bestiaux que l'on voit venir au second plan anime encore cette charmante composition. Des nuages légers, le mouvement des arbres placés sur les différens plans, et les vêtemens agités de ces femmes, indiquent qu'une brise légère apaise la chaleur du climat.

Ce précieux tableau est digne de l'attention des amateurs; il est du nombre de ces productions conçues dans un moment d'inspiration. T. l. 15, h. 12.

La statue vivante (scène de famille).

37. Dans le parc d'une riche habitation de campagne, un jeune homme, voulant égayer sa famille, s'est arrêté dans une allée près d'un buisson. Il est monté sur le piédestal d'une figure de marbre renversée et se pose à l'antique. Cette plaisanterie fait rire le père et la mère, ainsi que les personnes qui les accompagnent. T. l. 12, h. 9.

L'aumône.

38. Sur un chemin où passent des bestiaux conduits par un pâtre, un voyageur à cheval fait l'aumône à un enfant compagnon d'un ermite. Ce dernier, assis sur une pierre, est tout entier à la lecture d'un livre; son habitation, pratiquée dans des rochers, se voit au bord du chemin.

Les fonds offrent un pont élevé sur une rivière, dans laquelle se trouvent des baigneurs et une barque de pêcheur. Plus loin, sont les bâtimens d'une ville construite sur des rochers. La cime des monts élevés, confondue avec les nuages, achèvent la composition. T. l. 15, h. 12.

Le bain.

39. Dans un site pittoresque du Brésil, au pied de ro-

chers élevés entre lesquels coulent les eaux limpides d'un torrent et à l'ombre de grands arbres, de jeunes femmes prennent le plaisir du bain. Une d'elles, portant un parasol, est restée habillée. Plus loin, une esclave assise semble veiller à ce que personne ne vienne troubler le plaisir de ses maîtresses. Ce site est l'un des aspects de la cascade de Boa-Vista, ayant appartenu à l'auteur. T. h. 14, l. 12.

Androclès

40. Dans un paysage d'un aspect sauvage et parmi des rochers couverts de ronces et de broussailles, où se trouve un nid de serpent, le peintre a placé le sujet d'Androclès au moment où il vient de retirer l'épine de la patte du lion. On ne pouvait imaginer un site plus analogue à ce sujet; les abords de l'antre du lion ne peuvent être mieux rendus. T. l. 15, h. 12.

Vue du pont, dit de Jules César, en Sicile.

41. La majeure partie de la composition est occupée par une rivière sur laquelle se trouvent plusieurs barques chargées de nombre d'ouvriers et de mariniers retirant des pierres de dessous l'eau. Près du pont, sur le rivage, sont encore des carriers travaillant à charger des pierres dans une charrette attelée de plusieurs chevaux. Parmi eux se trouve un voyageur monté sur un cheval blanc. Ces figures sont disposées avec art et largement touchées. Les plans éloignés sont dans une vapeur harmonieuse et offrent des rochers élevés et des montagnes. T. l. 15, h. 12.

L'ouragan.

42. C'est d'une hauteur très-élevée que le spectateur contemple cet effet curieux. Il découvre le haut des bâtimens d'une partie de la ville et le grand aqueduc de Rio-Janeiro. L'éclair sillonne en plusieurs endroits un épais nuage chassé par le vent.

Sur le devant, des *noirs* sont occupés à des travaux de terrasse. Des *mouettes*, qui caractérisent la singularité de ce pays, s'envolant en grande quantité, donnent à ce tableau un aspect original. T. l. 30, h. 23.

Les villageoises italiennes.

43. Dans un site où la végétation annonce un sol fertile, des paysannes, dans le costume italien, sont réunies près de grands arbres et d'épais buissons. Les unes sont occupées à laver du linge dans des eaux cachées par le feuillage; une autre arrive, portant un paquet sur sa tête. Un joli enfant montant sur la croupe d'une vache blanche, est soutenu par sa mère. Une vache d'une couleur vigoureuse, et un chien noir complètent ce groupe.

C'est peut-être ici le cas de fixer l'attention sur le talent de Taunay pour peindre les animaux. Il a traité ce genre pour ainsi dire en peintre d'histoire. C'est par la vérité du mouvement et la justesse du dessin qu'il est arrivé à la perfection. T. l. 13, h. 12.

Agar dans le désert.

44. Des arbres élevés, des rochers entre lesquels coulent des eaux limpides, d'épais buissons, une verdure

qu'aucun pied humain n'avait encore flétrie, tout dans ce paysage porte le caractère d'une nature vierge. C'est dans ce lieu mystérieux et près de la source que Dieu lui a fait découvrir, que la mère d'Ismaël, à genoux, soutient son fils et cherche à le ranimer avec cette eau bienfaisante: L'ange vient de les quitter. Il s'élève dans les airs; dans un instant, il aura disparu. T. l. 16, h. 12.

Henri IV et le bûcheron.

45. Chacun connaît cette anecdote. Le moment choisi par l'artiste est celui où le roi, revenant avec son guide en croupe, au rendez-vous de chasse dont il avait perdu le chemin, est reçu par les gens de sa cour et de sa maison. Des dames et des cavaliers vont à sa rencontre ; lui seul reste couvert et est reconnu par le bûcheron pour être le roi de France.

Ce joli sujet prêtait au talent de Taunay. Aussi est-il traité avec tout l'esprit qu'il mettait dans ses tableaux. T. l. 9, h. 6.

Herminie chez les bergers.

47. L'amante de Tancrète, montée sur son coursier, aborde les bergers occupés à faire des corbeilles de jonc. Elle a levé son casque pour calmer la frayeur que ses armes avaient d'abord inspirée à ces pasteurs, qui bientôt vont lui donner l'hospitalité.

Charmant tableau d'une touche franche et hardie et d'une couleur brillante. T. l. 10, h. 8.

Les oies du frère Philippe.

46. Ce conte est bien connu. Le peintre en a tracé tout l'esprit dans ce précieux tableau. Il a peint le frère Philippe entraînant son fils loin de ces trois jeunes femmes dont il redoute le pouvoir. Le jeune homme au contraire, épris des charmes de ces *oiseaux* qu'il ne connaissait pas, malgré les efforts de son *mentor*, ne peut se résoudre à s'en éloigner, tandis que les trois jouvencelles sont dans l'étonnement de causer tant de frayeur à l'ermite.

Ce sujet, que Taunay a souvent traité, toujours de différentes manières, est représenté dans un paysage non loin de la ville. T. h. 12, l. 17.

Vue de Rio-Janeiro.

48. Placé dans le jardin du couvent de Saint-François-de-Paul, le spectateur domine la ville et la baie de Rio-Janeiro; sa vue s'arrête aux montagnes environnantes.

Les différens plans sont ornés de figures spirituellement touchées.

Marche de bestiaux.

49. Nombreux troupeau de bestiaux de toute espèce. Il est conduit par des pâtres et leurs femmes, et paraît faire partie d'un convoi militaire que l'on aperçoit dans le fond du tableau. Parmi les divers épisodes, on remarque un berger assis près de ses moutons et se retirant une épine du pied. Ce pré-

cieux échantillon est du plus beau *faire* de Taunay. T. h. 7, l. 8.

L'abreuvoir.

50. Dans un paysage, site d'Italie, des hommes conduisent leurs chevaux à la rivière, où se trouvent déjà un baigneur et des cavaliers. Parmi les chevaux, on remarque celui placé sur le devant, et que son conducteur a peine à maintenir.

Des arbres, des plantes aquatiques et des broussailles habilement *touchées* enrichissent la composition. T. h. 12, l. 16.

Intérieur d'un hôpital.

51. Un blessé vient d'y être apporté sur un brancard. Il est assis sur ce lit de douleur; un chirurgien vient de lui faire une saignée au pied, et applique un bandage sur la plaie. Une sœur de charité apporte des soins à cette opération, tandis qu'un des porteurs soutient le malade. D'autres personnes prennent encore part à cette scène.

Dans le fond de la pièce, on voit quelques convalescens près de leurs lits, et deux d'entre eux causent ensemble sur une terrasse intérieure où l'on parvient par un escalier.

Taunay a déployé dans ce charmant tableau son rare talent dans l'art de grouper les figures. Il a su donner à ce sujet l'aspect de la vérité sans y rien mettre de pénible à voir. T. l. 12, h. 9.

Jean II à la bataille de Poitiers.

52. Au milieu d'une mêlée où se trouvent des fantassins et des cavaliers, dont les différens groupes se distinguent au milieu du feu de la mousqueterie, Jean II blessé est renversé sur son cheval et va être fait prisonnier.

Ce tableau, plein d'énergie et de chaleur, rappelle le temps où Taunay sortait de l'école de *Casanove*. T. l. 36, h. 18.

Le berger.

53. Un berger pansant les blessures de son chien; Celui-ci vient de tuer un loup que l'on voit étendu sur le terrein; son maître a déchiré ses vêtemens et s'empresse d'en couvrir les plaies après les avoir étanchées. Plus loin, on aperçoit quelques-uns des moutons du troupeau; Le fond offre une campagne.

Ce tableau est le dernier auquel travaillait M. Taunay, et par-là porte un vif intérêt. C'est un monument qui fournira en tout temps la preuve que le talent de cet inimitable peintre n'a jamais faibli; car, si l'on y voit les traces d'une main incertaine, on y admire encore le sentiment et l'expression qu'il a su mettre dans tous ses ouvrages. T. h. 27, l. 23.

Nature brésilienne.

54. A douze lieues au sud de Rio-Janeiro, apparaissent les imposantes Cordilières formant la chaîne de Saint-Paul et de Minas, et déterminant, vues de la ville, le fond de son immense baie; la multitude de pics dont elles sont hérissées a fait donner à ces

hauteurs le nom d'*Orgaos* ou *Orgues*, par analogie avec les tuyaux de cet instrument religieux; orgue sublime en effet, concert éolien de toute majesté quand le bruit de la foudre s'y propage d'échos en échos, et se marie au fracas des cascades et à la chute des rochers! Quelques sentiers en zig-zag et souvent déformés, mais suffisant au passage des caravanes, aboutissent à des ponts d'une seule arche jetés sur les ravins.

Non content de retracer par la magie de son pinceau la nature vierge de ces sites, l'auteur a joint à la représentation étudiée des plantes tropicales, une fidèle image des indigènes dans le costume encore en usage; sur le premier plan, se remarquent des arbres caractéristiques du pays, tels qu'un *caffier*, couvert de ses baies déjà rougies par la maturité; un *bananier nain* avec son régime; un petit *palmier raisin*, ainsi nommé parce que sa grappe de cocos, d'un noir velouté, affecte cette ressemblance; et enfin, l'*imbaïba* (arbre trompette dans nos colonies) dont les feuilles gigantesques donnent un caractère si particulier à l'ensemble de la composition.

Cet objet d'art est et demeurera unique dans les fastes de la peinture, puisqu'il n'arrivera peut-être plus, d'ici à bien long-temps du moins, qu'un peintre tel que Taunay fasse un voyage de trois mille lieues à ses risques et périls, pour gratifier son pays d'une œuvre aussi importante. Un tel tableau, dont le gouvernement a déjà fait tirer quelques copies pour la manufacture de porcelaines de Sèvres, devrait trouver sa place où dans le Muséum national de peinture, ou dans les galeries du Jardin du Roi, comme contenant des spécialités de plantes et d'animaux que Gérard-Vanspaendonk, Vandaël et Vanhuysum ne désavoueraient pas. H. 58, l. 78.

DEUXIÈME PARTIE.

ESQUISSES DE M. TAUNAY.

L'incendie de Moscow.

55. La ville, en proie aux flammes, occupe le fond de la composition. Ses habitans, dans l'épouvante, fuient emportant tout ce qu'ils peuvent de leurs effets. Cette belle esquisse terminée est peinte *largement*. T. h. 9, l. 22.

Marche de cavalerie.

56. Dans l'allée d'un bois épais, un officier monté sur un cheval blanc, cause chemin faisant avec un hussard qui marche à côté de lui. Dans le fond, on voit encore nombre de cavaliers.

Charmante esquisse d'une touche large et d'un effet piquant.

Les Vendanges.

57. Jolie esquisse. Elle représente une journée de ven-

dauge. Quelques-uns des vendangeurs se reposent, tandis que d'autres travaillent encore.

Ce précieux échantillon se recommande par une grande facilité de pinceau et une extrême légèreté de couleur.

58. Jolie esquisse, riche composition. C'est un sujet tiré des annales de notre révolution, en 1793. Des militaires français, détenus à Besançon, ayant appris que l'ennemi était aux portes de la ville, demandèrent et obtinrent la permission d'aller à sa rencontre pour contribuer à l'expulser; après la victoire, on les vit rentrer dans le château-fort où ils devaient achever le temps de leur détention : tel est l'instant retracé par le peintre.

59. Près du couvent de Saint-Jean-de-Latran, à Rome, et sur les marches d'un vaste édifice, des moines distribuent des secours à des malheureux. Jolie esquisse.

60. *Les quatre Evangélistes.* Ces quatre esquisses, touchées largement, sont les premières pensées des tableaux décrits sous les n°˙ 17, 18, 19 et 20.

61. *Androclès.* Esquisse. Première pensée du tableau décrit au n° 40.

62. Première pensée du tableau représentant *Moïse sauvé*, décrit au n° 8 de ce catalogue. Les changemens qui s'y trouvent ne sont remarquables que dans le paysage.

65. Première pensée du tableau représentant le *frappement du rocher*, décrit au n° 4 de ce catalogue. Cette belle esquisse, d'une touche énergique, offre de nombreux changemens.

64. Première pensée du tableau décrit sous le titre de *Pont de Jules César en Sicile*. (Voir le n° 41.)

65. Première pensée du tableau décrit sous le titre de *La distribution d'aumônes*. (Voir le n° 51.)

66. Première pensée du tableau décrit sous le titre du *Chanteur de cantiques*. (Voir le n° 29.)

67. Plusieurs esquisses et fragmens de compositions seront divisés sous ce numéro.

ÉTUDES.

68. Études d'animaux. Sous ce numéro seront vendues de précieuses études faites d'après nature, par M. Taunay. Nous appelons particulièrement l'attention des artistes et des connaisseurs sur cette collection importante.

68 *bis*. Très-belle étude de paysage peinte pendant l'effet d'un arc-en-ciel sur un ciel pur. Il prend naissance dans les eaux d'un torrent qui occupe le premier plan.

69. Sous ce numéro seront vendus par lots les études de paysages faites d'après nature par M. Taunay. Quelques-unes sont encadrées, d'autres seulement cartonnées.

DESSINS.

70. Très-beau-dessin à l'encre de Chine, sur papier blanc. Il représente Joseph au milieu de ses frères leur expliquant ses songes. Ce sujet, indiqué avec esprit, est dans un beau paysage, où des troupeaux considérables de bestiaux sont au pâturage. Ce dessin, le seul de ce genre que Taunay a laissé, doit attirer toute l'attention des connaisseurs.

71. Trois beaux dessins à l'encre de la Chine et rehaussés de blanc, sur papier de couleur. Ils représentent des sujets de la comédie des Plaideurs de Racine et furent gravés pour orner l'édition de M. Firmin Didot.

72. Une suite de croquis représentant des paysages, scènes familières, sujets historiques et études, la plupart premières pensées des tableaux les plus importans de Taunay. Nous recommandons à MM. les amateurs cette partie intéressante de la vente. Elle formera vingt-cinq lots. Il est inutile de rappeler ici que ce genre de croquis est toujours recherché avec empressement. C'est en eux qu'on voit tout l'esprit et le génie de l'artiste. Ceux-ci attestent par leur variété la fécondité et l'originalité du talent de Taunay.

TROISIÈME PARTIE.

TABLEAUX, DESSINS, ETC.,

PAR DIFFÉRENS MAÎTRES.

73. M. BERRÉ. Un lion, dans son antre, aperçoit un serpent. Le roi des animaux s'irrite contre ce reptile et semble incertain s'il s'abaissera jusqu'à l'anéantir. Tableau d'une grande finesse de pinceau et d'un ton vigoureux. T. l. 12¼ h. 9.

74. MANGLAR. Trente dessins à la plume, études de vaisseaux, frégates et barques de toute espèce.

75. M. Bourgeois. Panorama de Rome. Dessin très-important, d'une grande exactitude. Il est composé de cinq feuilles.

76. *Inconnu.* Treize dessins coloriés avec soin, costumes suisses.

77. *Maîtres divers.* Plusieurs dessins. *Cet article sera divisé.*

Eaux-fortes et Estampes en feuilles, par et d'après différens maîtres. — Quelques recueils.

78. Dujardin (Karel). Quarante-huit eaux-fortes.
79. Berghem (Nicolas). Quarante-quatre eaux-fortes.
80. Swanneveldt (Hermann). Trente-cinq eaux-fortes.
81. Both (Jean). Onze eaux-fortes.
82. Stop. Douze eaux-fortes.
83. Tempeste. Vingt-cinq eaux-fortes.
84. Leclerc. Cent cinquante eaux-fortes.
85. Callot. Trente-huit eaux-fortes.
86. Delarue. Trente-cinq eaux-fortes.
87. Labelle. Six eaux-fortes.
88. Bertaux. Vingt eaux-fortes.
89. Salvator. Quarante eaux-fortes.
90. M. Bourgeois. Soixante eaux-fortes.
91. Pinelli. Quarante-quatre eaux-fortes.

92. Marc de Bye. Quatre-vingt-treize eaux-fortes, la plupart d'après Paul Potter.

93. N. Poussin (d'après). Vingt-deux estampes.

94. Lesueur (d'après). Dix-neuf estampes.

95. *D'après l'antique.* Vingt estampes.

96. Raphael (d'après). Soixante-dix estampes, dont *les loges du Vatican.*

97. J. Romain (d'après). La frise, triomphe de *Constantin.*

98. Verdier (d'après). Trente-huit gravures; histoire de *Samson.*

99. Wouwermans (d'après). Treize gravures.

100. Berghem (d'après). Huit gravures.

101. *Maîtres divers.* Quarante-six gravures, dont vingt-deux costumes turcs.

102. M. C. Vernet. Sept lithographies. Etudes de chiens.

103. L'anatomie du cheval; deux livraisons; *lithographies.*

104. Vues de Provins; un recueil; *lithographies.*

105. Vues des principaux monumens, palais, châteaux, etc., par Perelle; un volume contenant deux cent quarante pièces.

106. Un recueil de gravures allemandes; sujets familiers.

Imprimerie de Moreau, rue Montmartre, n°. 39.

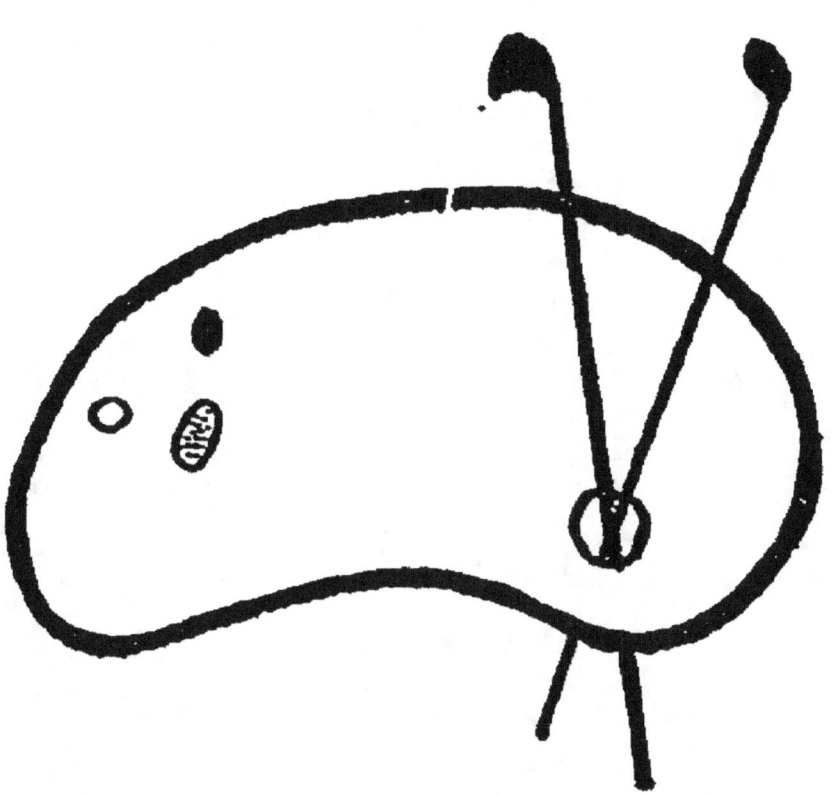

ORIGINAL EN COULEUR
NF Z 43-120-8

www.ingramcontent.com/pod-product-compliance
Lightning Source LLC
Chambersburg PA
CBHW030052230526
45471CB00003B/1054